LOUIS LELOIR & PAUL GRAVOLLET

MOLIÈRE

ET

SCARAMOUCHE

COMÉDIE EN UN ACTE

EN VERS

PARIS

CALMANN-LÉVY, ÉDITEURS

3, RUE AUBER, 3

MOLIÈRE ET SCARAMOUCHE

COMÉDIE EN UN ACTE EN VERS

Représentée pour la première fois sur la scène de la COMÉDIE-FRANÇAISE
le **15** janvier 1904.

IMPRIMERIE CHAIX, RUE BERGÈRE, 20, PARIS. — 23938-12-03. — (Encre Lorilleux).

LOUIS LELOIR & PAUL GRAVOLLET

MOLIÈRE

ET

SCARAMOUCHE

COMÉDIE EN UN ACTE

EN VERS

PARIS

CALMANN-LÉVY, ÉDITEURS

3, RUE AUBER, 3

A

MONSIEUR JULES CLARETIE

En toute reconnaissance.

PERSONNAGES

JEAN-BAPTISTE, dix-sept ans et demi.   Mlle LECONTE.

SCARAMOUCHE, trente-cinq ans. . . .   MM. COQUELIN CADET.

POQUELIN, quarante-cinq ans . . . . .   LAUGIER.

Pour la mise en scène s'adresser à M. BALCOURT, à la Comédie-Française.

MOLIÈRE ET SCARAMOUCHE

La scène se passe à Paris. — La boutique de Poquelin, tapissier. — Un dimanche. — Septembre 1639. — En scène : Tables, sièges, etc., etc. — Étoffes sur des rayons. — Un comptoir.

SCÈNE PREMIÈRE

POQUELIN, assis au comptoir.

Écrivant.

Doit : monsieur de Souvré, deux cents livres dix sous,
Fourni fauteuils, tapis doublés soie en dessous.
Monsieur de Liancourt : pour rideaux et tenture
Présentant des sujets choisis dans la nature :
Quatre cent quatre-vingts livres, un denier.
¡Nous verrons s'il aura l'audace de nier,
Le pendard !¡ Voyons ! plus : madame la comtesse
De Soissons : un dessus de lit : à Son Altesse...
— Ma foi je n'y vois plus ; le gueux, le fainéant !
Il passerait son temps à mâcher du néant,
Si je le laissais faire. Oh ! mais, je suis le maître

Il se lève.

Et nous verrons, mon fils. Hier, je lui fais remettre
Des franges chez monsieur de La Rochefoucauld ;
Je croyais qu'il allait les porter aussitôt ;
Mais j'aurais dû compter avec sa maladie :
Il aime à regarder jouer la comédie.

1

Mon gueux se faufilait à l'hôtel de Soissons,
Pour voir, sur les tréteaux, la troupe des bouffons !
Je l'ai fait se coucher sans vouloir rien entendre,
Le mettant au pain sec et préférant attendre,
Afin de retrouver mon calme habituel
Et d'avoir mieux raison, étant plus solennel !
Ah ! vous voulez rêver et bayer aux corneilles
Et vous enfuir après au pays des merveilles
Où l'on trouve, en flânant, des plaisirs à foison,
Mais l'on vous coupera les ailes, bel oison

Il appelle.

Jean-Baptiste, arrivez ! Jean-Baptiste !

SCENE II

POQUELIN, JEAN-BAPTISTE

JEAN, entrant.

Mon père ?

POQUELIN.

Approchez. Vous allez vous excuser, j'espère.

JEAN.

Moi, mon père, je n'ai rien à me reprocher.

POQUELIN.

Comment !... Mais j'ai juré de ne point me fâcher.
Voyons, sans biaiser, sans faire l'hypocrite,
Vous allez m'expliquer toute votre conduite.

— Lundi, je vous surprends, vous sortiez de l'hôtel
De Bourgogne où l'estrade est pour vous un autel !
— J'apprends que, nourrissant un vice détestable,
Mercredi, vous étiez au Chêne-Vert, à table,
Buvant, chantant, criant avec des vauriens,
Imitant les bouffons et les comédiens !

JEAN.

Croyez bien...

POQUELIN.

Taisez-vous !

JEAN.

Mais...

POQUELIN.

Voulez-vous vous taire !
Je saurai corriger ce maudit caractère,
Vous êtes raisonneur ! — Et de plus, on m'a dit,
Chez les Italiens, vous avoir vu jeudi.
Enfin, pour compléter vos dernières audaces,
En dépit des conseils, des ordres, des menaces,
Vous essayez, hier, de revoir ces bouffons.
Ah ! je suis curieux d'entendre vos raisons !

JEAN.

Mais vous ne voudrez pas les comprendre, peut-être.

POQUELIN.

C'est que vous aurez tort. Taisez-vous. Ah ! mon maître,
Vous préparez ainsi vos examens de droit :
Si vous désirez être avocat, marchez droit,
Et rabattez un peu de votre fantaisie.

JEAN.

C'est vrai, je suis allé, pour voir la comédie,
A l'hôtel de Bourgogne : on y donnait le Cid.
Que c'est beau ! Le duel, les Maures, le récit :
Rodrigue tout en or, Chimène toute noire.
Ah ! comme ils sont restés gravés dans ma mémoire !
Oui, mais c'était surtout un culte filial
Qui me faisait agir. Hélas ! est-ce donc mal ?
Un instant j'ai revu ma mère vénérée,
Douce, charmante, gaie, et par tous admirée !
Vêtue ainsi que je la vis jadis, un soir,
J'ai cru qu'à mes côtés elle venait s'asseoir !
Vous nous aviez menés tous les deux voir Mélite,
Dieu ! comme en ce temps-là les heures passaient vite,
... Elle était bonne et belle et j'étais confiant,
Croyant qu'on a toujours sa mère !...

POQUELIN.

                              Pauvre enfant.

Mais les Italiens ?

JEAN.

                  Ah ! pour ceux-là, j'avoue,
Sauf l'admiration qu'à leur talent je voue,
N'avoir aucune excuse : ici, je suis fautif,
Si c'est l'être, qu'aimer d'un amour excessif
Tout ce qui me fait rire et rire et rire encore !
Mon père, les bouffons, mon esprit les adore !
Et j'admire entre tous l'artiste éblouissant
Qui met de la clarté dans les cœurs, en passant,
Souple comme un pantin, léger comme une mouche,
Et que vous connaissez de nom : le Scaramouche !

POQUELIN.

Oh! oui, je le connais et c'est tant pis pour lui!
Vous êtes amoureux de tout ce qui reluit,
(Ne m'interrompez pas!) du clinquant, des paillettes;
En secouant un peu, cela tombe en miettes.
Ton Scaramouche n'est qu'un vulgaire panier
Percé.

JEAN.

Que dites-vous?

POQUELIN.

De plus, c'est le dernier
Des misérables,

JEAN.

Mais...

POQUELIN.

Un pendard, un infâme,
Un traître, un renégat sans honneur et sans âme!

JEAN.

Que vous a-t-il donc fait?

POQUELIN.

Il me doit de l'argent!

JEAN.

Il vous doit...

POQUELIN.

Oui, mon fils, ce n'est qu'un indigent.

JEAN.

Mais on peut, quoique pauvre, être fort honnête homme.

POQUELIN.

Je te dis qu'il me doit de l'argent! une somme
Importante!

JEAN.

Vraiment.

POQUELIN.

Écoute, mon garçon.
Cela te servira peut-être de leçon.
Voilà deux mois je vis entrer dans ma boutique
Un homme que je crus une bonne pratique:
Il me dit se nommer Tibério Fiorelli.
Et moi, je lui livrai sans défiance, un lit,
Deux fauteuils, une table. — Ah! le fourbe, le drôle!
Quand je vins encaisser, comptant sur sa parole,
Sans laisser son adresse, il avait décampé,
Emportant tout. Eh bien, celui qui m'a trompé,
Volé, surpris avec cette impudence extrême,
C'est ton maître, ton Dieu.

JEAN.

Scaramouche!

POQUELIN.

Lui-même.
J'appris heureusement, par hasard, ces jours-ci,
Que celui qui venait de me duper ainsi,
Pour jouer aux Bouffons, prenait ce nom de guerre;
Et l'argent, sur lequel je ne comptais plus guère,
Va rentrer dans mon sac. Mon huissier aujourd'hui
Est allé de ma part se présenter chez lui.

Ton drôle est aux abois sous des dettes criardes,
A défaut de paiement, j'ai fait saisir ses hardes.
On a porté ce coffre ici... Ce qu'il contient
Ne pourrait décemment revêtir un chrétien,
Ce sont des oripeaux, des loques de parade,
Vêtements de pantin, habits de mascarade,
Dont on ne saurait rien tirer, argent comptant,
Mais enfin, il paraît que notre charlatan,
Pour jouer, a besoin de toute sa défroque.

JEAN.

Je crois bien, c'est cruel, mon père...

POQUELIN.

Je m'en moque !
Rira bien qui rira le dernier. Par exploit,
Je réclame mon dû, simplement. C'est la loi !
Si, demain, à midi tombant, je n'ai la somme...
Ton charmant, ton divin, ton aigle, ton grand homme
Aura son lit le soir au petit Châtelet !

JEAN.

Cela ne se peut pas !

POQUELIN.

Et pourquoi, s'il vous plaît ?

JEAN.

Parce que Scaramouche est un maître, un artiste !
Si pour lui le présent est noir, l'avenir triste,
Il faut le secourir au lieu de l'accabler :
Ah ! je serais si fier, moi, de le consoler !

POQUELIN.

Dites-vous donc : « Avant d'implorer pour un autre,
Tâchons de mériter une grâce, la nôtre. »

Sachez bien que pour vous je n'ai point pardonné.
— ... Vous resterez ici tout cet après-dîner.
C'est aujourd'hui dimanche et la boutique est close,
— Voyez et rendez-vous compte de toute chose.
Vous comprendrez alors, peut-être, qu'en cherchant,
On ne peut trouver mieux que l'état de marchand !
Être marchand, cela vaut la peine de vivre :
L'inventaire, le doit et l'avoir du grand-livre,
Qui jalonne pour nous le chemin parcouru,
Et nous montre comment notre bien s'est accru ;
L'heureux achat qui nous promet la bonne vente ;
La hausse qu'on prévoit, la baisse qu'on évente ;
L'étalage qu'il faut changer chaque saison ;
Et l'enseigne, au dehors, qui nous sert de blason !
Mais, mieux que tout cela, petit : le sanctuaire ;
La cage où bien souvent l'on est un belluaire,
Les clients étant de vrais fauves à dompter ;
L'école où tous les jours on apprend la fierté ;
Le temple où le comptoir, comme l'autel antique,
Se dresse : notre Louvre à nous tous : la boutique !
Être marchand déjà c'est beau, mais tapissier !
C'est le Paradis terrestre, notre métier !
Non, être tapissier, enfant, mais c'est immense !
On ne sait pas où ça finit, quand ça commence !
On est partout chez soi, on décide de tout,
Les palais, mais nous les meublons à notre goût !
« Oh ! non, monsieur le duc, ne prenez pas ce rose,
Ce blanc est maladif et ce vert est morose.
Prenez ce jaune. — Mais... — Prenez, ah ! je le veux.
« Pour mieux mettre en valeur l'éclat de mes cheveux
Dites, cher Poquelin, que pensez-vous qu'il faille ?
Du satin ? — Quelle erreur, madame, de la faille ! »
« Venez me voir, mon Prince, il convient vous hâter,
J'ai des occasions dont il faut profiter. »
« J'aime assez ce fond-là, cette frange est exquise... »

— Impossible aujourd'hui, madame la Marquise,
Le roi m'attend pour décider d'un baldaquin ! »
Arrière, courtisans, fais-moi place, faquin.
Dégagez le chemin, j'ai droit à tout l'espace :
Car c'est un homme heureux qui passe, quand je passe !
— Hé ! tiens, pour donner plus de poids à mes leçons,
(Chien de race doit savoir fouiller les buissons.)
Pour t'amener ensuite à chérir le commerce.
Afin que ton esprit à calculer s'exerce :
Voici vingt beaux écus que je vais confier
A tes soins, pour les faire au mieux fructifier.
Quand on est sans argent, un rien nous fait envie,
Il faut apprendre jeune à marcher dans la vie.
... Cinquante livres pour cela te suffiront...
Ou quarante après tout — tu mèneras de front
Le commerce et ton droit : — voici tes trente livres.
Cinq, dix, quinze et vingt, là ! Vous mettrez sur mes livres,
Ces factures au net, puis, en les feuilletant,
Vous trouverez le nom de votre charlatan
Parmi mes débiteurs en retard, et j'espère
Que cela vous fera quitter votre chimère.
Là-dessus, je vous laisse à vos réflexions.

JEAN.

Mon père, j'essaierai.

POQUELIN.

Si vos intentions
Sont bonnes, nous verrons ! Je sors et vous confie
La boutique : à ce soir.

Il sort.

SCÈNE III

JEAN-BAPTISTE, seul.

O chère poésie,
O chers projets d'enfance et rêves d'avenir,
Le bon temps pour nous tous, hélas, vient de finir !
... Mon père est juste et même il a raison, sans doute.
Ce qu'ici mon esprit en ce moment redoute :
Le sombre magasin, les livres ennuyeux,
Je puis les aimer plus en les connaissant mieux.
... S'il savait que j'écris des quatrains à Toinette,
La servante mignonne, et rieuse et coquette,
Qui fait trouver meilleur le vin du cabaret,
Dieu ! c'est alors que mon père s'emporterait !
J'espérais aujourd'hui revoir sa coiffe blanche
Et, ne prévoyant pas un si triste dimanche,
J'avais, d'un souvenir, hier, fait un sonnet
Pour lui lire ce soir : si mon père venait...
Vite, déchirons-le... D'abord, je vais l'apprendre
Et je ne craindrai plus qu'on puisse me le prendre.

Vous avez rougi l'autre soir,
Douce Toinette tant aimée,
Lorsqu'à la table accoutumée
Nous sommes venus nous asseoir.

Pour boire à la coupe embaumée
Nous avions voulu vous revoir,
Sentant chacun d'un même espoir
Notre même flamme animée.

Nous étions donc là cinq amis,
Tous cinq à vos charmes soumis;
Vous avez rougi, l'œil humide :

Mon cœur battit d'un tendre émoi...
Mais qui sait si l'aveu timide
Était pour un autre ou pour moi !

Il déchire le sonnet et remonte au comptoir.

Maintenant, au travail ! Où sont donc ces factures ?
Ah ! Monsieur de Biron : pour toutes fournitures,
Doit, du premier janvier seize cent trente-neuf,
A ce jour: un grand lit en palissandre neuf;
Plus deux tapisseries. un merveilleux ouvrage,
L'une représentant le siège de Carthage,
Le siège de Carthage... et l'autre le départ
Des croisés, le départ des croisés... d'autre part :
Quatre fauteuils... fauteuils... Cela m'est impossible
L'écriture est pourtant très nette et très lisible,
Je ne distingue rien. — Malgré moi, je m'endors —
Ah ! c'est qu'il fait si bon et si clair au dehors !
C'est dimanche aujourd'hui, la jeunesse est en fête.
De joie et de repos toute la vie est faite !
Dimanche ! c'est le jour par le Seigneur béni !
Les rires, les chansons s'échappent de leur nid !
Pourrais-je croire, ici, que ce bonheur existe,
Si je n'avais, pour rendre un tel cachot moins triste.
Le bon soleil qui passe à travers les volets !
Courir, avec de vieux amis, dans les forêts,
Et le soir revenir respirer dans la plaine
Le grand air, où septembre a mêlé son haleine.
Voilà ce qu'il faudrait. hélas ! à mes seize ans !
Tous ces papiers déjà ne sont guère amusants
Dans la semaine, ils sont horribles le dimanche.
Je ne travaille point. la page est encor blanche...

Ah ! baste ! livrons-nous aux démons tentateurs !
Et puisque je devais, pour voir les bateleurs,
Les farceurs du Pont-Neuf, entendre les parades
Des charlatans, aller trouver des camarades,
Je vais quitter l'ennui, ce brouillard, ce linceul,
En me donnant, ici, le spectacle à moi seul.
Si je me rappelais la scène où Scaramouche,
Après avoir volé, se sauve et puis se couche
Dans la rue... essayons.

Il court et se cogne.

                    Si je débute ainsi...
La place était là-bas deux fois plus grande aussi.
Faisons notre théâtre.

Il range des sièges renversés en rond et les relie avec des étoffes, tout en chantan

Vous qui donnez de l'amour
    Au cœur le moins tendre,
    N'en pouvez vous prendre ?
Vous qui donnez de l'amour,
    N'en pouvez-vous prendre,
    Belle, à votre tour !
Faut-il qu'avec tant d'appas,
Ce Dieu ne vous touche pas...
Vous qui donnez de l'amour,
    N'en pouvez-vous prendre.
    Belle, à votre tour.

                    Ah ! oui, mais le costume ?
Il faut qu'à m'habiller aussi je m'accoutume...
Dieu ! j'y pense... j'ai là... je n'oserai jamais...
Pourquoi non ! Scaramouche, est-ce pas, tu permets
Que je fouille parmi toutes tes collerettes,
Et que tes glorieux habits tu me les prêtes ?

Il sort de la malle ce qui est nécessaire.

La casaque d'abord... ce sera bien trop grand
Pour moi... puis, et c'est presque un remords qui me prend...

...Ai-je le droit de vous porter, loques illustres
Que vous poétisez aux lumières des lustres,
Et gardez, dans les plis de votre pauvreté,
Un peu de gloire avec un reflet de clarté !
Dans le désir dont la tarentule me pique,
Ai-je le droit de te porter, bonnet épique,
Bonnet sacré qui sous l'épreuve de l'affront,
As parfois rayonné de génie à son front ?
Puis ces pauvres habits ne sont rien par eux-mêmes,
Ce n'est pas l'or tout seul qui fait les diadèmes ;
Scaramouche, c'est ton esprit et ton talent
Qui donnent aux haillons l'éclat étincelant.
A nos yeux, qui toujours s'obscurcissent de voiles,
C'est un manteau de nuit, toi, tu mets les étoiles !
— L'avenir fleurira mon espoir nouveau-né.
Amusons nous, d'accord, mais sans rien profaner.
— Ce mètre à mesurer me servira d'épée.
Le chapeau sur l'oreille, et la mine attrapée..
Des étoffes... Voici. — Dieu ! que c'est amusant !
C'est à ce moment-là qu'il est étourdissant.
Tâchons de l'imiter.

La porte du fond s'ouvre et Scaramouche entre et s'arrête pour écouter.

                    Ouf ! je n'en puis plus. Grâce !
Je les ai dépistés, ils ont perdu ma trace.
Je suis fourbu, mais j'ai des étoffes de prix :
Ils m'ont tous poursuivi sitôt qu'ils m'ont surpris.
Ainsi vous m'attaquiez, moi, le fils de Madame
La Lune et de Monsieur le Soleil ! Ah ! ma lame.
En sortant du fourreau, vous fera bien changer.
Vous vouliez vous frotter à moi, prince d'Alger !
Ma foi, vous allez voir si j'ai perdu le souffle,
Tiens, coquin ! Tiens, pendard ! Voici pour toi, maroufle !

Il donne des coups d'épée dans le vide. Scaramouche s'avance et l'interrompt.

SCÈNE IV

JEAN-BAPTISTE. SCARAMOUCHE.

SCARAMOUCHE.

Bravo! Ce n'est pas mal.

JEAN.

Oh! mon Dieu, qui va là!

SCARAMOUCHE.

Je serais désolé de vous troubler, cela
Commençait vraiment bien.

JEAN.

Vous m'écoutiez!

SCARAMOUCHE.

Sans doute,
Comme on cueille en passant une fleur sur sa route.
Être imité par vous, c'est un honneur pour moi.

JEAN.

Vous imiter. Qu'entends-je? Est-ce possible!

SCARAMOUCHE.

Quoi?

JEAN.

Vous êtes donc le grand, le divin Scaramouche?

SCARAMOUCHE.

Mais oui, remettez-vous, je ne suis pas farouche,
Et pour ne pas troubler ici votre candeur,
Délaissant un instant la pompe et la grandeur,
Je vais quitter mon ciel, mes limbes, mon mystère,
Et ma divinité va marcher sur la terre!
Malpeste! Vous savez manier l'encensoir.

JEAN.

Je vous en prie, entrez, et daignez vous asseoir.

SCARAMOUCHE, regardant les sièges renversés.

M'asseoir, où donc? La chose est, je crois, difficile.

JEAN, relevant des sièges.

C'est juste. Excusez-moi, j'oubliais.... imbécile!

SCARAMOUCHE, s'asseyant.

Mais pensons au réel dont notre esprit se plaint:
Pourrais-je dire un mot à monsieur Poquelin?

JEAN, à part.

Ah! c'est vrai! Je comprends, il vient pour cette dette;
Pauvre homme!

SCARAMOUCHE.

Eh bien?

JEAN.

Hélas, monsieur, je le regrette,
Mon père est sorti.

SCARAMOUCHE.

          Diable! Et va-t-il revenir
Bientôt?

JEAN, à part.

      Si je pouvais ainsi le retenir.
     Haut.

Il ne saurait tarder, si vous voulez l'attendre,
Vous me rendrez aussi bien heureux, car entendre
Et regarder un grand artiste comme vous,
C'est tout ce que je puis souhaiter !

SCARAMOUCHE.

                    Entre nous,
Votre admiration sur ma tête s'égare :
Vous me traitez en Dieu presque sans crier gare,
Cela me change trop des mépris journaliers !
Les grands artistes sont Montfleury, la Villiers,
Jouant la comédie à l'Hôtel de Bourgogne,
Mais moi qui suis forcé d'amuser sans vergogne,
Par mes farces, mes cris, mes gestes, mes lazzis,
Les badauds, les bourgeois, les cerveaux épaissis,
Je dois me contenter d'un titre plus modeste,
Et me trouver heureux, quand je suis assez leste
Pour éviter, parmi les sifflets et l'affront,
Des pommes, les trognons qui pleuvent sur mon front !

JEAN.

Croyez-moi, je ne me trompais pas tout à l'heure,
Et de toutes les parts vous avez la meilleure.
En ayant la gaité ! le comique joyeux !
La tragédie, allez, c'est parfois ennuyeux,
Mais le rire, le rire altier, le rire énorme,
Celui qui nous l'envoie, ah ! qu'il soit beau, difforme,

Riche ou pauvre bouffon, quand son rôle est fini
Doit être aimé de tous et par tous applaudi !
Pour moi, je trouverais belle ma destinée,
Si cette joie, un jour aussi, m'était donnée :
(Claire étoile brillant dans un ciel incertain,
Réalité pour l'homme, et non rêve enfantin),
D'être acteur et savoir, comme vous, faire rire !

SCARAMOUCHE.

Grand Dieu ! mon pauvre enfant, que venez-vous de dire !...
Vous, le fils de monsieur Poquelin, tapissier,
Vous pouvez être tout : abbé, soldat, huissier,
Mais artiste, non pas ! les anges vous en gardent,
Des générations de marchands vous regardent !
... Et puis, si vous saviez ce que c'est qu'un acteur !
Imposteur est le rêve où l'espoir est menteur.

JEAN.

Oh ! vous exagérez, sans doute.

SCARAMOUCHE.

J'exagère !

Bah ! c'est là tout ce que mon sermon vous suggère :
J'exagère ! écoutez. — Sur un chemin bourbeux,
Traîné par un cheval étique ou par des bœufs,
Un chariot déambule et s'essouffle aux ornières :
En vain l'aiguillon pique ou sifflent les lanières.
L'attelage s'arrête aux moindres raidillons,
Car c'est lourd à traîner, l'art, fût-il en haillons !
Alors, jeune premier à la mine de prince,
Dont la faim se berce au chant de l'essieu qui grince,
Toi, sur le front duquel un rayon d'or se joue,
Tu t'écorches les mains en poussant à la roue.
Car, hélas, ce chariot lamentable et banal
Porte tout ton espoir et tout ton idéal !

Oui, c'est ainsi que l'on commence : on se promène.
Vendant de la joie ou de la souffrance humaine.
Mangeant par-ci, jeûnant par-là. Tout au hasard.
Aussitôt arrivé, ne songeant qu'au départ.
Des loques pour décor. Pour théâtre une grange.
Trois chandelles et c'est le lustre! On s'arrange
Comme on peut. Pour public : des rustres! Bien content
De l'avoir ce public qui paie argent comptant,
Mais qui s'étonne aux vers et ne rit qu'aux parades.
L'envie et la méfiance pour camarades...
Applaudi dans le Nord, sifflé dans le Midi.
L'amour-propre résiste et l'orgueil se raidit :
Puis, un jour, on échoue aux tréteaux de la foire!
Notre roman comique est une triste histoire.
...Il faut, au départ, faire ample provision
De la monnaie ayant cours.

JEAN.

C'est?

SCARAMOUCHE.

L'illusion !

JEAN.

Pourquoi ?

SCARAMOUCHE.

L'illusion, enfant, est la monnaie
Avec laquelle, dans le rêve, tout se paie !

JEAN.

Non, ce n'est pas cela, je crois, l'illusion !
Pour moi, c'est une fraîche et blanche vision :
Femme un peu, si l'on veut, mais plus qu'aux trois quarts fée!
D'espérance vêtue et de gaîté coiffée,

Qui marche à nos côtés, nous tenant par la main.
Et nous guide à travers les ronces du chemin
L'illusion c'est, oui, je sais bien, la chimère,
Mais c'est aussi la sœur et c'est parfois la mère,
Oui, la mère et la sœur, ami, c'est bien cela :
Au pays fabuleux où l'esprit s'exila,
Tantôt c'est la plus douce et tantôt la meilleure :
La sœur, quand on sourit : la mère, quand on pleure !
...Puis, en l'art dont ici vous faites le procès,
Vous oubliez ce qui console : le succès !

SCARAMOUCHE.

Le succès, dites-vous ? et pourquoi pas la gloire !
Car s'immortaliser n'est pas la mer à boire.
Le succès, dites-vous ? le succès nourrit-il ?
L'argent, n'oublions pas que ce métal est vil,
L'argent, en se donnant, choisit aussi son homme :
Ah ! le succès ! J'en ai, moi, du succès, en somme :
Et des rentes, voyons, en aurai-je jamais ?
L'or se trouve aux vallées et non sur les sommets.
C'est pourquoi ma prudence, enfant, vous déconseille
Le climat du pays de l'art... Mais, ô merveille !
Songez qu'en demeurant ici, vous serez, quoi ?
Vous serez tapissier et tapissier du roi :
Vous gagnerez du cent pour cent sur une étoffe :
Cela vous embourgeoise et vous rend philosophe :
Enfin, plus tard, qui sait, vous serez échevin :
Et votre cave se remplira de bon vin.
Et vous mangerez tous les jours, ça c'est un rêve,
Tous les jours ! et la vie alors vous sera brève,
Et vous deviendrez gros et gras, très gras, Ah ! gras !
Scaramouche, jamais tu ne le deviendras !
La gloire : un brin d'osier qu'on enflamme et qui fume.

JEAN.

Pour que vous en parliez avec cette amertume.
Mais vous n'aimez donc pas votre art ?

SCARAMOUCHE.

                        Si. Croyez-moi !
Vous avez la jeunesse et vous avez la foi,
Mais aurez-vous aussi la force nécessaire
Pour supporter, aux jours d'épreuve, la misère ?
Votre cœur bat, vos yeux brillent, votre sang bout,
Pourrez-vous accomplir le chemin jusqu'au bout ?
On ne connaît son cœur, on n'est sûr de soi-même
Qu'après avoir souffert, souffert pour ce qu'on aime ;
J'ai brûlé ma faiblesse aux flammes, en passant,
Et j'ai payé le droit d'aimer avec mon sang !

JEAN.

Oh ! oui, je veux souffrir s'il le faut et combattre !
Je ne suis pas de ceux qu'un échec peut abattre.
Mon cœur a décidé, j'irai droit mon chemin
Si, pour les premiers pas, vous me tendez la main.
A l'essai seulement on connaît son courage,
J'espère que, plus tard, comme vous, à votre âge,
Après avoir suivi ma volonté d'enfant :
Homme, je quitterai la lutte, triomphant !

SCARAMOUCHE.

Bravo ! Mais les sifflets, et les trognons de pomme ?

JEAN.

Le soldat a-t-il peur des balles !

SCARAMOUCHE.

                   Bien, jeune homme !
Mais l'hostilité sourde et lâche, le mépris ?

JEAN.

Les applaudissements en auront plus de prix.

SCARAMOUCHE.

Les repas de pain sec arrosés d'onde pure ?

JEAN.

J'adore l'eau : de plus, il n'est croûte si dure
Que mes dents ne pourront casser !

SCARAMOUCHE.

                              Donc, en avant !
On a tort de vouloir marcher contre le vent :
Et puis, je commençais à trouver lourd mon rôle,
Scaramouche pédant, sur ma foi, n'est pas drôle :
Après avoir broyé du noir, broyons du bleu ;
Vous voulez être acteur, vous le serez, morbleu !

JEAN.

Et vous consentirez à m'aider ?

SCARAMOUCHE.

                              Avec joie ;
Je veux que votre esprit au grand jour se déploie !

JEAN.

Et vous me donnerez des leçons ?

SCARAMOUCHE.

                              De grand cœur :
J'aime l'enthousiasme entraînant et vainqueur !

JEAN.

Ah ! merci ! Voulez-vous commencer tout de suite ?
Car je tremble que mon bonheur prenne la fuite.

SCARAMOUCHE.

Commençons !

JEAN.

Si je ne craignais pas d'abuser
De vos bontés...

SCARAMOUCHE.

Allez, il faut savoir oser.

JEAN.

Je vous demanderais de me dire la scène
Que j'essayais de me rappeler avec peine :
Et je prendrais ainsi la meilleure leçon.

SCARAMOUCHE.

C'est accordé. Prenez un siège, mon garçon.

JEAN.

Vous consentez ?

SCARAMOUCHE.

Pardieu ! Faites-moi de la place ;
Mais diable ! le costume ? Hélas, rien ne remplace
Le costume... et rien ne peut m'en servir ici.
Scaramouche n'est plus Scaramouche !

JEAN.

Mais si !
Regardez seulement, maître, sur cette chaise...

SCARAMOUCHE, s'habillant au fur et à mesure qu'il dit :

Un habit... mon habit ! une fraise... ma fraise !
Un ceinturon... mais c'est pardieu mon ceinturon !
Un bonnet... qui se pose tout seul à mon front !

Oh! vous. mes vrais, mes seuls amis dans mes traverses,
Avec qui j'ai vécu mes fortunes diverses,
Rien qu'à vous retrouver à l'espoir je renais,
Vous me reconnaissez si je vous reconnais !
On ne nous séparera plus. quoi qu'il arrive.
A la misère si la malchance me rive,
Mourant vêtu de vous. je ne mourrai pas seul.
Et j'aurai chaud, si vous me servez de linceul !

Molière présente à Scaramouche un miroir qu'il a pris dans le coffre.
Scaramouche se grime.

Baste! il ne s'agit pas de mourir, mais de vivre.
Et de tous mes soucis voilà qui me délivre.
Donnez-moi cette épée... et ces étoffes... bien.
J'ai là ce qu'il me faut... il ne me manque rien...
Mon public voudra bien avoir de l'indulgence :
Je frappe les trois coups : un. deux. trois. je commence !

Scaramouche jouant.

Je crois les archers dépistés. ce n'est pas sans peine. Ouf!
ouf! les chiens. les porcs. j'ai la rate plus grosse qu'une
citrouille ; qu'importe. j'ai de belles étoffes qui serviront à
habiller mon chien. mon chat. mon perroquet et ma femme.
Je ne vois personne par ici, l'endroit a l'air favorable aux
filous. arrêtons-nous y. (Il met les étoffes à terre.) Ah ! ah !
drôles. loups, maroufles, chouettes. hiboux. galériens, vous
attaquer à moi. à moi. le fils aîné de monsieur Soleil et de
madame la Lune. moi le grand Scaramouche, roi d'Alger
où j'ai ramé les galères pour me donner des forces ! Prince
persan. empereur des Chinois. époux morganatique de la
belle princesse de Golconde. Moi qui suis noble comme
Didier le lombard. riche comme mon grand aïeul Crésus.
avoir osé me bâtonner !! Mais. poussière que vous êtes. si
vous n'étiez tombé mille quatre cent quatre-vingt-trois sur
moi, d'un regard de cet œil, d'un revers de cette main. d'un
coup de ce poing terrible. je vous aurais mis en miettes,
détruits. anéantis, abasourdis. aplatis ! Je vous aurais... hé.

quoi... quel est ce bruit ? Ce sont eux ! Non. c'est mon cousin le vent qui me fait une farce ! Je te revaudrai cela, tu entends. coquin, je te méprise et te dédaigne, hein ! que dis-tu ?... Que j'ai peur de toi ! j'ai du courage et beaucoup; de peur bien peu, du courage tant et plus ; je n'entends pas courage de brebis, je dis courage de lion ! bien plus, de meurtrier ! ! Je ne crains rien, moi... que les dangers : et comme preuve : voilà pour toi. *(Il lance son chapeau en l'air, le chapeau fait du bruit en retombant.)* Hein... Qu'est-ce que cela ? Quelque engin terrible peut-être... ce n'est pas la peur qui me fait trembler... mais mon ventre s'émeut. Soyons fils de mon père... de la prudence ! *(Il s'avance l'épée à la main vers son chapeau.)* Hé ! C'est mon couvre-chef ! terreur chimérique. *(Il se couvre.)* Où vais-je diriger mes pas avec mes étoffes ? Vers la grève ? non — vers la rivière ? non — vers le cimetière ? non — vers ma maison ? non, il y a ma femme !... où alors ? où... où. où ? Ah ! ah ! ah ! restons ici. cette rue est déserte, mon habit est noir. la lune est blanche, habitons ce pavé ; faisons notre chambre. *(Il retire son chapeau, son épée, il va retirer sa culotte et s'arrête.)* Non ! je crains pour le cerveau... un rien m'enrhume ! Je vais dormir. bonsoir mon père, ma mère. mes frères, mes sœurs. mon chat. mon chien. mon perroquet ! *(Il se couche.)* Bonsoir mon petit Scaramouche. mon mignon. mon renard. mon enfant. je t'embrasse et rembrasse ! Que de cruelles je vais désespérer cette nuit : les pauvres jupons je les entends d'ici : « Scaramouche. Scaramouchi. moucho, mouchette. » Non. je dors ! Bonsoir. madame la rue ! *(Il se relève.)* Voilà !

JEAN. allant à lui.

Que c'est beau ! que c'est grand ! Ah ! mille fois merci. Jamais je ne pourrai faire aussi bien.

SCARAMOUCHE.

Mais si !

JEAN.

Comment s'y prendre pour monter à votre taille ?

SCARAMOUCHE.

On choisit le chemin le plus court : on travaille !
Avez-vous retenu mon récit ?

JEAN.

À peu près.

SCARAMOUCHE.

Eh bien ! allez, pour vous tous mes conseils sont prêts.

JEAN, après avoir mis vivement l'épée, le chapeau et pris les étoffes.

Je crois les archers dépistés, ce n'est pas sans peine.

SCÈNE V

JEAN-BAPTISTE, SCARAMOUCHE, POQUELIN.

POQUELIN, entrant.

Dieu ! qu'est-ce que je vois, on pille ma boutique !

JEAN, se hâtant de dégrafer l'épée.

Ô ciel, je suis perdu !

SCARAMOUCHE, se dissimulant.

Cela tourne au tragique !

POQUELIN, *enjambant les sièges et prenant Jean au collet.*

A la garde, à la garde ! Ah ! je te tiens, voleur !

JEAN.

Mon père !

POQUELIN.

    Jean-Baptiste ! ai-je assez de malheur !
Ah ! corsaire, forban !

JEAN.

    Écoutez-moi, de grâce.

POQUELIN.

Tu veux donc être, enfant, l'opprobre de la race ?

JEAN.

Doucement, calmez-vous...

POQUELIN.

    Infâme, scélérat,
Tu reconnais ainsi mon indulgence, ingrat !

JEAN.

Je vais vous expliquer.

POQUELIN, *ramassant les étoffes.*

    Tu veux que je t'écoute,
Mais tu ne sais donc pas ce que cela me coûte ?
Tu traînes à tes pieds du bon argent comptant !
Le tout, pour imiter ton fameux charlatan ;
Apprends que ta conduite, à la fin, m'exaspère,
Quant à ton pitre, ton Scaramouche...

JEAN, *montrant Scaramouche.*

        Mon père.

SCARAMOUCHE, à Jean-Baptiste.

Laissez, après le miel, c'est le tour du poison.

POQUELIN, apercevant Scaramouche.

Tibério Fiorelli chez moi, dans ma maison !
Ma foi, par mon patron, en voici bien d'une autre.
J'aurais dû deviner le dieu rien qu'à l'apôtre !
Il ne vous suffit pas d'être mon débiteur.
Avec vos singeries et grimaces d'acteur,
Vous débauchez mon fils ! Déguerpissons, canaille.

JEAN.

Eh ! quoi, vous le chassez ?

POQUELIN.

          Non, je veux qu'il s'en aille.
Et l'engage à vider promptement le plancher.

SCARAMOUCHE, très humble.

Monsieur, c'était vous seul que je venais chercher ;
Veuillez donc excuser ce moment de folie ;
Pour ma dette, écoutez, monsieur, je vous supplie
De m'accorder encor huit ou dix jours au plus.

POQUELIN.

Je vois que les huissiers ne sont pas superflus.

SCARAMOUCHE.

Je joûrai chez le roi, monsieur, cette semaine,
Donnez-moi ce délai !

POQUELIN.

          Tout cela ne nous mène
A rien. Ce sont des mots, et parole n'est pas
Monnaie. Assez jasé ! Je m'en vais, de ce pas.

Faire ma plainte, et si vous n'êtes en mesure,
Vous aurez demain soir une demeure sûre!

JEAN.

Mon père, par pitié!

POQUELIN.

    Taisez-vous, s'il vous plaît!
Ou mon argent, ou bien le petit Châtelet.

JEAN, à part.

C'est effrayant, que faire?

POQUELIN, à Scaramouche.

    Il faut choisir, mon maître.

JEAN, à part.

J'oubliais... Cet argent... Il suffira peut-être!

Haut.

Mais vous ne pouvez pas l'envoyer en prison.

POQUELIN.

Et pourquoi, mon beau fils?

JEAN.

    Par la bonne raison
Que monsieur a versé dix livres comme acompte.

A part, à Scaramouche.

De grâce, taisez-vous.

POQUELIN.

    Quel est ce nouveau conte?
Voyons l'argent.

JEAN, *donnant dix livres.*

Voilà.

POQUELIN.

C'est vrai, je vais donner

Un reçu.

Il remonte vers le bureau.

JEAN, *allant à Scaramouche.*

N'ayez pas ce visage étonné!

SCARAMOUCHE.

Moi, je suis si surpris que j'en perds la parole.
Je ne puis accepter.

JEAN.

Pourquoi donc?

SCARAMOUCHE.

Un tel rôle

N'est pas de mon emploi.

POQUELIN, *à part.*

Ces dix livres...

SCARAMOUCHE, *à part à Jean.*

Non. Non.

JEAN.

Mais si vous refusez, demain c'est la prison!

POQUELIN, *à part.*

... Si c'était mon argent.

JEAN, *à part, à Scaramouche.*

Maître. je vous en prie.

SCARAMOUCHE.

Enfant, vous payeriez pour moi la fourberie.
C'est impossible!

POQUELIN, à part.

Oh! oui, ce doit être ça.

Haut.

Jean.

Redonne-moi, veux-tu, pour un instant, l'argent
Que je t'ai confié.

JEAN.

L'argent...

POQUELIN.

Oui.

JEAN.

Bien, mon père.

Poussant ce qui lui reste.

Voilà.

POQUELIN, il reprend l'argent.

Cinq, dix... C'est tout?

JEAN.

Oui.

POQUELIN.

Les deux font la paire.
Le maître est un fripon, l'élève aussi. Fort bien.
C'est ainsi que tu fais fructifier mon bien.
C'est trop naïf aussi. Vraiment tu n'as pas honte.
Scaramouche étant là je dois être Géronte!
Il faudra trouver mieux pour me duper, bandits.

JEAN.

Mais nous voulions...

POQUELIN.

            Assez. Je sais ce que je dis.
Un peu plus, et cela grâce à ton impudence,
Mes écus esquissaient un pas de contredanse !
Avoue au moins, pendard, que c'est décourageant :
Tout cet argent, mon bon argent, mon cher argent.
Au premier inconnu qui passe, tu le livres !
        A part.
Mais tout est pour le mieux, j'ai repris mes vingt livres.
Et je n'ai pas fourni le plus petit reçu.
        Haut.
Moi, benêt qui pensais avoir un aperçu
De ce dont tu pouvais être au besoin capable ;
        Jean et Scaramouche le supplient.
Enfin, soit ! ton bon cœur étant le seul coupable,
Et mes écus n'ayant pas quitté la maison,
Comptant par la douceur le mettre à la raison,
Je pardonne !

            JEAN, l'embrassant.

    Ah ! merci !

            POQUELIN, à part.

        Tout le cœur de son père !

        SCARAMOUCHE.

Vous êtes bon !

            POQUELIN, à Scaramouche.

        Crois-tu que je sois un cerbère ?
Mais oui, c'est entendu, j'accorde les délais.
        A Jean Baptiste.
Tu n'as pas travaillé comme je le voulais.

J'espère que demain tu prendras ta revanche ;
Songe que pour me faire oublier ce dimanche,
Tu ne dois imiter qu'un exemple, entends-tu,
Exemple de tout bien et de toute vertu :
Tu seras tapissier, continuant ta race :
De ton père et de ses aïeux suivant la trace,
De nos traditions restant le gardien,
Tu seras tapissier.

JEAN, à part, à Scaramouche.

Je serai comédien !

FIN.

IMPRIMERIE CHAIX, RUE BERGÈRE, 20, PARIS. — 23938-12-03. — (Encre Lorilleux).